중종은 신하들이 연산군을
몰아내고 세운 왕이에요. 중종은 공신들 때문에
힘을 가질 수 없었어요. 그래서 왕권을
강화하기 위해 사림파의 우두머리인
조광조를 뽑아 썼지요. 조광조는
급하게 개혁을 이끌다가 훈구파의 모함을
받아 죽게 되었어요. 이 사건이 '기묘사화'예요.
자, 중종의 역사 속으로 들어가 볼까요?

추천 감수 **박현숙**(고대사)
고려대학교 사범대학 역사교육과를 졸업하고 동 대학원에서 문학박사 학위를 받았습니다. 현재 고려대학교 사범대학 역사교육과 교수로 재직 중이며, 백제 문화와 고대 인물사 등에 대한 활발한 연구를 계속하고 있습니다. 쓴 책으로 〈백제의 중앙과 지방〉, 〈한국사의 재조명〉 등이 있습니다.

추천 감수 **정구복**(고려사 · 조선사)
서울대학교 사범대학 역사교육과를 졸업하고 서강대학교에서 문학박사 학위를 받았습니다. 한국학중앙연구원 한국학대학원의 교수로 재직 중이며, 한국학중앙연구원 한국학대학원 원장을 역임하였습니다. 쓴 책으로 〈한국인의 역사 의식〉, 〈역주 삼국사기〉, 〈한국 중세 사학사 1, 2〉 등이 있습니다.

추천 감수 **김한종**(근현대사)
서울대학교 사범대학 역사교육과를 졸업하고 동 대학원에서 역사교육을 전공하여 문학박사 학위를 받았습니다. 현재 한국교원대학교 교수로 재직 중입니다. 쓴 책으로 〈역사 교육 과정과 교과서 연구〉, 〈역사 교육의 내용과 방법〉(공저), 〈한 · 중 · 일 3국의 근대사 인식과 역사 교육〉(공저), 〈역사 교육과 역사 인식〉(공저) 등이 있습니다.

고증 **문중양**(과학사)
서울대학교 계산통계학과를 졸업하고 동 대학원에서 이학박사 학위를 받았습니다. 쓴 책으로 〈우리 역사 과학 기행〉, 〈우리의 과학문화재〉(공저), 〈세종의 국가 경영〉(공저) 등이 있습니다.

고증 **정연식**(생활사 및 복식)
서울대학교 국사학과를 졸업하고 동 대학원에서 문학박사 학위를 받았습니다. 쓴 책으로 〈조선 시대 사람들은 어떻게 살았을까?〉(공저), 〈일상으로 본 조선 시대 이야기 1, 2〉 등이 있습니다.

글 **박영규**
1996년 밀리언셀러 〈한권으로 읽는 조선왕조실록〉을 출간한 이후 〈한권으로 읽는 고려왕조실록〉, 〈한권으로 읽는 백제왕조실록〉, 〈한권으로 읽는 신라왕조실록〉 등 '한권으로 읽는 역사 시리즈'를 펴내면서 쉽고 재미있는 역사책 읽기의 바람을 일으켰습니다. 그 외에도 〈교양으로 읽는 한국사〉 등의 많은 역사책을 썼습니다.

그림 **박의식**
한성대학교에서 산업디자인학과를 졸업하고 일러스트레이터와 캐릭터 디자이너로 활동하고 있습니다. 그린 책으로 〈광개토 태왕〉, 〈을지문덕〉, 〈계백〉, 〈장보고〉, 〈이순신〉과 대한민국 최초의 창작 팝업북 〈오천 년 우리 역사를 이끌어 온 장수〉 등이 있습니다.

이미지 제공
연합포토, 중앙포토, 국립중앙박물관, 국립부여박물관, 국립경주박물관, 국립민속박물관, 유연태(사진작가), 허용선(사진작가)

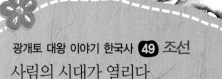

광개토 대왕 이야기 한국사 **49** 조선

사림의 시대가 열리다

총기획 및 발행인 박연환
발행처 (주)한국헤르만헤세
출판등록 제17-354호
연구개발원 경기도 성남시 분당구 금곡동 444-148
대표전화 (031)715-7722
팩스 (031)786-1100
본사 서울시 송파구 석촌동 7-3
대표전화 (02)470-7722
팩스 (02)470-8338
고객문의 080-715-7722
편집 임미옥, 백영민, 윤현주, 지수진, 최영란
디자인 장월영, 주문배, 김덕준, 김지은

ⓒ Korea Hermannhesse

이 책의 표지는 일반 용지보다 1.5배 이상 고가의 고급 용지인 드라이보드지를 사용해 제작하였습니다. 표지를 드라이보드지로 제작하면 습기의 영향을 덜 받기 때문에 본문 용지가 잘 울지 않고, 모양이 뒤틀리지 않아 책을 오랫동안 보존할 수 있습니다.

이 책은 기존의 석유 잉크 대신 친환경 식물성 원료인 대두유 잉크를 사용하여 인쇄하였습니다. 대두유 잉크는 선진국에서 널리 사용하고 있는 고가의 대체 잉크로, 휘발성이 적어 인쇄 상태의 보존이 용이하고, 인체에 무해할 뿐만 아니라 눈에 부담을 주지 않는 자연스러운 색을 내는 특징이 있습니다.

사림의 시대가 열리다

감수 정구복 | 글 박영규 | 그림 박의식

한국헤르만헤세

사림을 통해 개혁을 이루고 싶었던 중종

왕위에 오른 진성 대군

박원종은 거사를 일으키기 전에 신수근을 찾아갔어요.

신수근은 연산군의 처남이자 진성 대군의 장인이었어요.

'신수근만 도와주면 피를 흘리지 않고 궁궐을 차지할 수 있어.

어떻게 해서든지 우리 편으로 끌어들여야 해.'

박원종은 신수근에게 진성 대군을 왕위에 올리자고 했어요.

신수근은 버럭 소리를 질렀어요.

"비록 왕이 포악하다고 하나 세자가 총명하니 걱정 마시오.

오늘 일은 없던 것으로 해 줄 테니 썩 물러가시오."

박원종은 신수근의 집에서 나오자마자 군사를 보냈어요.

"거사 전에 신수근을 죽여야 한다. 내 뜻을 알았으니 살려 둘 수 없다."

다음 날, 박원종은 연산군을 몰아내고 궁궐을 차지했어요.

박원종과 성희안은 진성 대군의 어머니인 정현 왕후 윤씨를 찾아갔어요.

"썩어 빠진 왕을 몰아냈습니다. 이제 진성 대군께서 왕위에 오르셔야

합니다. 마마의 허락이 필요합니다."

정현 왕후 윤씨는 성희안과 박원종을 믿지 못했어요.

'왕을 몰아낸 무서운 사람들이다. 언제 나에게도 칼을 겨눌지 몰라.'

성희안과 박원종은 정현 왕후를 끈질기게 달래고 을렀어요.

정현 왕후는 어쩔 수 없이 성희안과 박원종의 뜻을 따르기로 했어요.

"왕을 강화도에 귀양 보내도록 하라.

그리고 왕의 신분을 빼앗아 왕자로 낮출 것이다."

이로써 박원종 일파는 혁명을 이루었어요.

박원종 일파는 성종의 둘째 아들인 진성 대군을 왕으로 세웠어요.

진성 대군이 바로 중종이에요. 당시 중종의 나이는 19세였어요.

젊은 개혁가, 조광조

중종은 박원종 일파의 도움으로 왕이 되었기에 아무 힘이 없었어요.

중종은 왕권을 되찾기 위해 무엇을 해야 할지 생각했어요.

'조정 권력은 모두 혁명 공신들이 차지하고 있다.

서둘러 왕권을 되찾지 않으면 난 허수아비 왕이 되는 거야.'

중종은 무너진 왕실 권위를 바로 세우기 위해 힘썼어요.

우선 나랏일을 보는 데 도움을 주던 홍문관에 힘을 실어 주었어요.

"연산군이 없앤 경연을 다시 시작하겠다."

경연은 왕이 학문이 높은 신하에게 강의를 듣는 일이었어요.

중종은 나랏일에 대해 학자들과 토론하는 일을 즐겼어요.

중종이 이렇듯 학문 발전에 힘쓴 이유는 훈구파가 많이 속해 있는

혁명 공신들을 누르기 위해서였어요.

실력이 없는 훈구 공신들을 밀어내려고 했던 것이지요.

하지만 공신들의 힘은 줄어들지 않았어요.

'권력을 손에 쥔 훈구파를 누르지 못하면 왕권을 되찾기 힘들다.'

그 무렵, 중종에게 아주 좋은 기회가 찾아왔어요.

중종반정을 이끌었던 박원종이 죽은 거예요.

연산군 시대에 관직에서 쫓겨난 선비들이 개혁을 외치며

상소를 올리기 시작했어요. 훈구파에 밀린 사림파 선비들이었어요.

중종은 사림파를 이용해 왕권을 되찾으려고 했어요.
'지금 훈구파를 누를 수 있는 것은 사림들뿐이다.'
성종이 훈구파를 누르기 위해 김종직을 뽑아 쓴 것과 같은 생각이었어요.
중종은 사림들 가운데 학문적 평판이 높은 인물을 찾았어요.
그때 이조 판서 안당이 조광조를 쓸 것을 권했어요.
"조광조는 성종 때의 유명한 학자인 김굉필의 제자이옵니다."

학문이 아무리 깊어도
실천을 하지 않으면 소용없다.

스승님 말씀에 따라 반드시 실천하는 학자가 될 것이다.

안당은 조광조가 젊은 나이지만 학문이 뛰어나 사림들의

우두머리가 되어 있다고 했어요.

"조광조는 모든 행동에 삐뚤어진 것이 없고, 말을 할 때도

지나친 것이 없다고 하옵니다."

중종은 이런 조광조가 마음에 쏙 들었어요.

"조광조에게 큰 벼슬을 내리겠노라."

그러자 공신들이 거세게 반대했어요.

조광조는 공신들을 비판하고 혁신을 부르짖는 개혁가였거든요.

조광조가 조정에 발을 들여놓는 순간 큰 싸움이 벌어질 것이 뻔했어요.

"조광조는 혼자 집에 틀어박혀 학문만 익히던 자입니다.

그자의 글솜씨가 훌륭할지는 모르나, 나라를 이끌어 가는 일에는

깜깜할 것입니다."

"폐하, 무오년 난리를

잊어버리셨습니까?

사림이 조정에 들어오면

나라가 어지러워집니다.

부디 조광조를

멀리하십시오."

왕권 회복을 위해
그대가 나를
도와야 한다.

중종은 신하들의 반대에도 불구하고 조광조를 놓을 수 없었어요.

"조광조에게 벼슬을 내릴 방법이 없단 말인가!"

그때 이조 판서 안당이 말했어요.

"폐하, 조광조를 한번 만나 보시는 게 어떻겠습니까?"

안당은 중종이 조광조를 은밀히 만날 수 있도록 해 주었어요.

어느 날 밤, 중종과 조광조가 만났어요.

조광조는 눈에서 빛이 났고, 자신감이 넘쳤지만 예의를 잃지 않았어요.

"공신들은 자신의 공로만 믿고 마음대로 권력을 휘두르고 있습니다.

폐하께서 바로 서기 위해서는 이들을 물리치셔야 합니다."

중종은 조광조가 자신이 바라던 사람이라고 굳게 믿었어요.

"그대를 만나 보니 나의 믿음이 더욱 굳어졌소."

중종은 조광조의 똑똑함에 감탄하며

그를 뽑아 쓰려고 힘을 기울였어요.

1515년, 성균관 유생 200명과 이조 판서

안당이 조광조를 추천했어요.

조광조는 드디어 관리로 임용되었어요.

그해 가을 조광조는 과거에 급제했고,

몇 달 뒤에 예조 좌랑에

임명되었어요.

왕도 정치를
펼 수 있게
온 힘을 다해 폐하를
모시겠사옵니다.

조광조는 중종의 두터운 신임을 바탕으로 개혁을 시작했어요.

"폐하께서 성리학을 모범적으로 실천하셔야 합니다.

왕도 정치를 이루어 조선을 으뜸가는 나라로 만들어야 할 것입니다."

중종은 조광조의 의견이 옳다고 여기고 그를 정언 자리에 앉혔어요.

정언은 오늘날의 언론 역할을 하는 벼슬이에요.

왕이 결정한 정책의 옳고 그름을 가리거나 거드는 일을 하곤 했어요.

중종은 조광조를 앞세워 훈구파를 조금씩 밀어냈어요.

훈구파는 중종이 조광조를 감싸고돌자 어쩌지 못하고 애만 태웠어요.

"조광조와 사림들을 조정에서 밀어내지 못하면 우리가 밀립니다."

"하지만 폐하께서 조광조를 저리 가까이 두시니

섣불리 건드릴 수가 없습니다."

1517년, 조광조는 향약을 실시하자고 주장했어요.

"각 지방마다 향약을 실시해야 합니다.

성리학을 통해 백성들에게 옳고 그름을 가르쳐야 합니다.

그래야 성리학을 나라의 근본으로 삼을 수 있사옵니다."

향약은 각 지방의 자치를 위해 만든 규약이에요.

성리학의 도덕관과 규범을 만들어 실천하게 하는 것이지요.

"지방 유림들로 하여금 규범을 지키게 하고 규칙을 어긴 자는 벌을

줄 수 있도록 향약을 자리 잡게 해야 합니다.

백성들이 성리학의 질서를 잘 지켜야 왕도 정치도 가능할 것입니다."

조광조는 또한 현량과 실시를 중종에게 건의했어요.

"과거 제도로 실력 있는 선비들이 관리가 되지 못하고 있사옵니다.
학문이 깊고 인격이 높은 선비를 추천받아 관리로 써야 합니다."

에구구, 그럼 조정 관리에 사림파들만 득세할 것이 아닌가!

과거 제도 대신 현량과를 실시할 것이오!

조광조부터 없애야 한다. 그래야 우리가 산다.

현량과는 반대해야 돼. 안 그러면 우리 끝이다.

훈구파와 공신들은 현량과 실시를 거세게 반대했어요.

하지만 중종은 훈구파의 반대를 강하게 뿌리쳤어요.

"앞으로 현량과를 반대하는 자는 끝장날 줄 아시오."

1519년, 조광조가 등용된 지 4년 만에 현량과가 시작되었어요.

인재를 추천하는 기관은 중앙과 지방으로 나뉘었어요.

중앙에서는 성균관을 비롯하여 사헌부, 사간원, 홍문관 등의 삼사와

이·호·예·병·형·공조 등 6조에 추천권을 주었어요.

지방에는 유향소에 추천권을 주고 수령과 관찰사를 거쳐

예조에 알리도록 했어요.

"폐하, 전국에서 추천받은 후보자는 120명이옵니다."

후보자들은 중종이 직접 참석한 자리에서 현량과를 보았어요.

28명이 급제했는데, 모두 조광조를 따르는 성리학자였어요.

조광조는 지방 관리의 추천을 받아서 과거 시험을 치르는 현량과를 만들었어.

▲ 조광조가 쓴 글씨

중종은 이들을 기반으로 왕권을 다져 나갔어요.

조광조는 성리학에 맞지 않는 전통을 없애는 일에도 앞장섰어요.

궁중의 여악과 내수사의 고리대금업을 없애도록 했지요.

얼마 뒤, 조광조가 내세운 개혁안들은 삐걱거리기 시작했어요.

조광조가 왕도 정치의 기초가 될 거라 여긴 향약부터 문제가 되었어요.

조광조는 중앙 관리들이 향약을 이끌게 했어요.

그러다 보니 지방 사정을 제대로 알지 못했어요.

지방 양반들은 점점 향약을 따르지 않았어요.

백성들도 실생활에 맞지 않는 규약들은 지키기 어렵다고 했지요.

훈구파와 공신들은 조광조의 개혁이 실패했다고 한목소리로 외쳤어요.

훈구파는 향약보다 현량과를 없애는 데 온 힘을 쏟았어요.

현량과를 통해 사림파 선비들이 많이 뽑혔기 때문이에요.

우리나라 최초의 서원으로 1542년에 세워졌어.

▲ 경상북도 영주시에 있는 백운동 서원

기묘사화

어느덧, 조광조는 중종의 행동 하나하나에 간섭하기 시작했어요.

"폐하, 성리학의 원칙을 생활 속에서 몸소 지켜 주십시오."

중종은 시간이 지날수록 원칙만 고집하는 조광조가 싫어졌어요.

때마침 훈구파와 공신들의 불만도 커질 대로 커졌지요.

조정에 조광조를 따르는 사림 세력이 너무 강해졌기 때문이에요.

공신들을 대표해 김전과 남곤, 심정, 홍경주가 중종을 찾아갔어요.

"현량과는 조광조가 자신의 세력을 채우기 위해 만든 것입니다."

"그렇습니다. 조광조를 극형에 처해야 합니다."

하지만 아직까지 중종은 조광조를 믿고 있었어요.

"물러가오, 현량과는 계속 시행될 것이오."

그러던 어느 날, 중종의 마음이 조광조에서 멀어지는 일이 생겼어요.

조광조는 중종에게 다시 한 번 강력한 건의를 했어요.

"공이 없는 사람도 공신이 되어 있습니다. 이를 바로잡아야 합니다."

"공신의 숫자를 줄이라는 것인가?"

"그러하옵니다. 공신이 너무 많아 그들에게 준 토지와

벼슬 때문에 나라 살림이 휘청거리고 있습니다."

"하지만 나를 왕으로 세운 공신들이오. 저들의 반발이 클 거요."

중종은 공신들을 내몰고 싶은 생각은 없었어요.

'현량과로 지금은 조정에 사림이 많다.
그런데 공신을 몰아내면 사림이 권력을 차지할 것이 아닌가?'
중종은 사림이 커지는 것이 반갑지 않았어요.
조광조는 중종이 주저하자 끝까지 설득했어요.
중종은 조광조의 강력한 주장을 당해 낼 수 없었어요.
결국 공신 4분의 3에 해당되는 76명을 명부에서 없앴지요.

폐하, 공이 없는
사람과 적은 사람을
가려내야 하옵니다.

나를 도운 사람들이오.
그들을 공신 명부에서
없애기는 어렵소.

권력에서 밀려난 공신들은 목숨을 걸고 조광조를 몰아내려고 했어요.

"이러다 공신들이 다 없어지겠습니다.

조광조 무리를 도저히 그냥 두고 볼 수 없습니다."

조광조의 탄핵으로 궁궐에서 쫓겨난 홍경주가 마침내 나섰어요.

홍경주는 자신의 딸 희빈 홍씨를 찾아갔어요.

"온 나라의 인심이 조광조에게 몰렸다고 왕에게 말하세요."

희빈 홍씨는 중종이 찾아오자 이렇게 말했어요.

"폐하, 온 나라 인심이 조씨에게 몰렸다고 하는데, 그게 무슨 소리이옵니까?"

"어디서 그런 소리를 들었소?"

"궁궐 안에 쫙 퍼진 말입니다. 폐하, 조광조를 조심하셔야 합니다."

다음 날, 희빈 홍씨는 시녀가 아침에 주웠다는

나뭇잎 하나를 중종에게 바쳤어요.

나뭇잎엔 벌레가 갉아 먹은 자국처럼 보이는 글자가 있었어요.

'주초위왕(走肖爲王)!'

주(走)와 초(肖)를 합치면 조(趙)가 되니, 풀이하면 '조(조광조)가 왕이

된다.'는 뜻이었어요. 중종은 놀란 마음을 감추고 태연한 척했어요.

하지만 마음은 몹시 불안했어요.

'내가 그동안 조광조를 너무 믿었던 것일까!'

홍경주를 비롯해 공신 명부에서 없어진 남곤, 김정, 고형산, 심정 등

다섯 명의 신하가 중종을
몰래 찾아왔어요.
그들은 중종이 조광조를 의심하고 있음을
알아차리고 중종의 마음을 흔들었어요.
"폐하, 조광조가 붕당을 만들고
반역을 꾀하고 있습니다."
"조광조는 처음부터 폐하를 속이고
반역을 위해 자신을 따르는 자들을
불러들인 것입니다."
"폐하, 조광조를 없애야 합니다."
중종은 조광조를 의심하고 있던 터라
그들의 말에 솔깃했어요.
결국 중종은 조광조에 대한 믿음을 버렸어요.
"조광조를 비롯한 사림파 핵심 인물들을
모두 잡아들여라!"

정말 조광조가
왕이 되고
싶어 한 걸까?

조광조와 사림파의 중요 인물들이 감옥에 갇혔어요.

조정은 조광조를 지지하는 신하와 반대하는 신하로 갈라졌어요.

중종은 조광조를 두려워하면서도 믿고 싶었어요.

감옥에 갇힌 조광조에 대한 결정을 내리지 못한 채

시간을 보냈어요.

이때 성균관 유생 천 명이 궐문 밖에 무릎을 꿇고 중종에게 간청했어요.

"폐하, 조광조는 폐하의 뜻을 잘 받들려고 했을 뿐입니다.

간신 무리의 말에 속지 마옵소서."

"폐하, 이대로 뛰어난 인재를 버릴 수 없는 일입니다.

부디 넓은 마음으로 그의 충심을 헤아려 주시옵소서."

그러나 유생들의 시위는 오히려 중종의 마음을 돌려놓았어요.

'저리도 조광조를 따르니 세상 인심은 조광조에게 몰려 있구나.

나는 허수아비였어.'

공신들은 조광조를 죽여야 한다고 더욱 부추겼어요.

"폐하, 일이 심각하옵니다."

"폐하, 조광조에게 사약을 내려 왕권의 무서움을 보이셔야 합니다."

중종은 조광조와 사림을 모두 귀양 보냈어요.

조광조와 수십 명의 사림 출신 관료에게 사약이 내려졌어요.

조광조와 중종의 사이는 이렇게 끝이 났어요.

이 일이 일어난 1519년이 기묘년이기에 이 사건을 '기묘사화'라고 해요.

조광조가 세상을 떠난 뒤에도 성리학은 학문적으로 많은 발전을 했어요.

성리학을 받아들인 학자들은 명종 때부터 선조 때까지 정치의 중심 세력으로 자리 잡아 조광조가 바랐던 개혁을 차근차근 이루어 갔어요.

▲ 조광조의 귀양 내력이 적혀 있는 비석

조광조는 전라남도 화순에서 귀양살이를 했어.

시끄러운 조정

기묘사화 이후 조광조와 사림파가 모두 조정에서 사라졌어요.

그러자 남곤과 심정, 홍경주가 권력을 독차지했어요.

김안로가 이들과 권력을 다퉜지만 남곤에게 밀려 쫓겨났어요.

1521년에 홍경주가 죽고, 1527년 영의정에 있던 남곤이 죽었어요.

심정은 매우 만족스럽게 여기며 좋아했어요.

"이제 모든 권력은 내 손에 들어왔다."

하지만 귀양 갔던 김안로가 돌아오면서 권력 다툼이 시작되었어요.

김안로는 조정에 들어오자마자 중종을 찾아갔어요.

"폐하, 제가 이제까지 닦아 온 학문을 세자께 모두 알려 드리겠습니다."

이 세자가 훗날 제12대 임금이 되는
인종이에요.
세자의 어머니
장경 왕후 윤씨가
일찍 죽은 터라 중종은
세자가 외로울까 봐
늘 걱정이었어요.
김안로는 세자의 누나인
효혜 공주의
시아버지였어요.

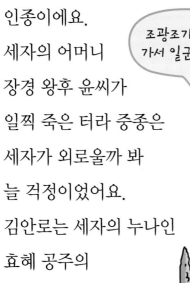

조광조가 귀향을
가서 일군 숲이래.

▲ 담양 소쇄원의 대원림

김안로는 세자를 지키기 위해서는
심정 같은 간신배를 없애야 한다고 건의했어요.
"심정도 언젠가는 반란을
일으킬 것입니다."
이 무렵, 중종은 은근히
조광조를 죽인 일을
뉘우치고 있었어요.
'심정이 조광조를 죽이자고
앞장섰어. 그때 그 말을
듣지 말았어야 했는데…….'
그렇기 때문에 중종은
심정을 좋아하지 않았어요.
중종은 김안로의 건의를
받아들였어요.
김안로는 곧 자신을
따르는 자들을 시켜
심정의 죄를 들추어냈어요.
중종은 심정을
귀양 보낸 뒤, 곧
사약을 내려 죽였어요.

세자를 보호하는 동안 권력을 독차지해야 돼.

조광조가 그립다.

25

김안로는 심정을 죽인 것에 만족하지 않고 복성군에게 칼을 겨눴어요.

 1527년 2월 29일, 세자가 머무는 동궁에 누군가 불태운 쥐와 함께

나뭇조각을 걸어 놓은 사건이 일어났어요.

김안로는 세자를 저주하는 무리가 꾸민 일이라고 말했어요.

"오늘이 세자 저하의 생신입니다. 돼지 방향인 북북서쪽에 불태운 쥐를

걸어 둔 것은 돼지띠인 세자 저하를 저주함이 아니겠사옵니까?"

"그렇다면 경은 그 무리가 누구라고 생각하오?"

"자신의 아들을 세자로 세우려 했던 경빈 박씨가 아닌가 합니다."

경빈에게는 복성군이라는 아들이 있었어요.

비록 서자이긴 하지만 중종의 맏아들이었지요.

복성군은 세자가 왕이 되는 데 위협이 되는 인물이었어요.

김안로는 복성군을 없애기 위해 경빈이 꾸민 일이라고 말했어요.

중종은 김안로의 말만 듣고 분노했어요.

"뭐라고? 경빈이 그런 못된 짓을 하다니.

여봐라, 당장 경빈을 잡아들여 죄를 낱낱이 밝혀라."

경빈과 그녀를 따르는 자들이 잡혀 와 고문을 당했어요.

그들은 고문을 이기지 못해 죄를 인정했어요.

경빈은 끝까지 억울함을 하소연했어요.

"폐하, 제가 한 짓이 아닙니다."

하지만 중종은 경빈과 복성군에게 사약을 내려 죽였어요.

중종은 김안로가 세자를 지키기 위해
노력한다고 생각해 김안로를
좌의정에 앉혔어요.
중종의 신임을 얻은 김안로의 권세는
날로 커졌어요.
김안로는 마지막으로 세자의 외숙부인
윤임을 없애기로 마음먹었어요.
'이제 윤임만 없어지면 모든 권력을 내가
차지하는 거다.'
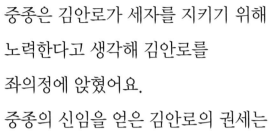
김안로는 윤임이 문정 왕후를
폐위시키려는 음모를 꾸미고 있다고
소문을 냈어요. 문정 왕후는
중종의 세 번째 왕비예요.
윤임은 이대로 당할 수 없다는
생각에 문정 왕후를 찾아갔어요.
"중전마마, 저와 힘을 합쳐
김안로를 없애야겠습니다."
문정 왕후도 김안로를
두려워했어요.

27

윤임은 문정 왕후에게 살아남을 수 있는 계획을 말해 주었어요.

"중전마마께서 저를 꼭 도와주셔야 계획이 성공합니다."

김안로가 퍼뜨린 소문은 중종의 귀에도 들어갔어요.

중종은 당시 형조 판서였던 윤임을 불러 물었어요.

"경이 중전을 폐하고자 한다니 사실인가?"

윤임은 이미 예상하고 있던 터라 침착하게 말했어요.

"이것은 틀림없이 김안로가 꾸민 일입니다.

김안로는 자기와 사이가 좋지 않은 자를 해치려면 반드시

세자를 보호한다는 구실로 많은 사람을 죽였습니다."

윤임은 김안로를 없애야 왕실과 조정이 안정될 거라고 주장했어요.

문정 왕후도 중종에게 울면서 하소연했어요.

"오랫동안 폐하를 섬겨 왔는데 이제 쫓겨나게 되다니요."

내 꾀에 내가
넘어갔구나!

"아니, 그게 무슨 말이오?"

"제가 세자에게 위협이 된다며 감안로가 저를 내쫓으려

한다고 하옵니다."

중종은 크게 노하여 소리쳤어요.

"지금 당장 김안로를 잡아 오도록 하라."

중종의 명을 받은 군사들이 김안로의 집으로 향했어요.

이때 김안로는 아들이 장가가는 날이어서 집에서 잔치를

벌이고 있었어요.

"허허, 폐하께서 우리 집 잔치를 아실 텐데 어찌 술을 보내지 않으실까?"

김안로는 자신이 어찌 될지 모른 채 이상하다고 생각했어요.

하지만 군사들이 들이닥쳐 자신을 잡아가자 그제야 깨닫게 되었어요.

'아, 폐하께서 나를 버리셨구나!'

김안로는 귀양 길에 사약을 받고 죽었어요.

글재주와 나쁜 꾀로 권력을 잡았던 사람의 마지막 모습이었어요.

대윤과 소윤이 맞서다

1534년, 문정 왕후는 훗날 명종이 되는 경원 대군을 낳았어요.

문정 왕후는 경원 대군을 왕위에 앉히고 싶었어요.

'세자를 없애야만 내 아들이 왕이 될 수 있어.'

문정 왕후는 두 오라비인 윤원로와 윤원형을 불러 말했어요.

"경원 대군이 왕이 될 수 있게 힘써 주십시오."

그러자 세자의 외숙부인 윤임이 이를 알게 되었어요.

"이제부터 세자는 내가 지킨다. 문정 왕후의 욕심을 꺾어야겠어."

대윤 윤임파와 소윤 윤원형파가 팽팽하게 맞서게 되었어요.

세자가 경원 대군의 형이라고 해서 세자 편 윤임파를 대윤,

경원 대군 편 윤원형파를 소윤이라고 불렀어요.

대윤과 소윤은 자신들에게 유리한 거짓 소문을

퍼뜨리고 다녔어요.

"지금 세자는 병들고 약해 곧 경원

대군으로 세자가 바뀔 것이다."

"폐하께서 세자를 보호하기

위해 경원 대군을

없앨 것이다."

세자를 보호하기 위해 경원

대군을 죽일 거라는 소문이 컸어요.

문정 왕후는 중종의 세 번째 왕비야.

아들 명종이 12세 때 왕위에 오르자 권력을 잡았지.

문정 왕후는 눈물을 흘리며 중종에게 달려갔어요.

"폐하, 저희 모자를 불쌍히 여기시어 제발 살려 주십시오."

중종은 문정 왕후와 경원 대군을 불쌍히 여겼어요.

"중전, 아무 일 없을 것이니 걱정 마시오."

중종은 문정 왕후의 속셈을 알지 못했어요.

문정 왕후는 세자를 위하는 척하며 윤원형을 시켜 온갖 소문을

만들어 내 중종의 마음을 어지럽게 했어요.

이렇게 대윤과 소윤의 싸움이 커지자 뜻있는 선비들이 나섰어요.

선비들은 중종에게 대윤과 소윤 둘 다 벌줄 것을 청했어요.

중종은 대윤과 소윤이 권력 다툼하는 것에 크게 분노했어요.

"내가 엄연히 살아 있는데 왕권 다툼을 한단 말이냐!"

하지만 중종은 왕실의 외척들을 한꺼번에 옥에 가두는 일이

마음에 걸려 결정을 내리지 못했어요.

▲ 문정 왕후가 묻힌 태릉

문정 왕후는 어린 인종을 대신하여 왕권을 휘둘렀어.

어느 날, 세자가 사는 동궁에 큰불이 났어요.

동궁이 불타고 있을 때 세자와 세자빈은 잠을 자고 있었어요.

소란스러운 소리에 잠에서 깬 세자와 세자빈이 뛰쳐나가려고 했지만,

문이 잠겨 나갈 수 없었어요.

"어서 이 문을 열어 다오!"

누군가 밖에서 문을 잠근 것이었어요.

세자와 세자빈은 꼼짝없이 갇혀 불에 타 죽을 판이었어요.

이때 세자의 후궁인 귀인 정씨가 방문을 열고 들어와

세자와 세자빈을 구했어요.

불을 지르고 문을 잠근 사람으로
윤원로·윤원형 일파가 의심을
받았어요. 여러 신하들이 이들에게
벌을 주자고 했지만, 세자가
원하지 않아 귀양을
보내지는 않았어요.

32

1544년 11월, 중종이 큰 병에 걸려 몸져누웠어요.

중종은 세자 호를 불러 다짐을 받았어요.

"세자야, 모든 것이 네게 달렸다.

무슨 일이 있어도 피바람을 일으켜서는 안 된다. 알겠느냐?"

"아바마마, 경원 대군과 어마마마는 소자가 지키겠나이다."

중종은 세자의 약속을 받고 세상을 떠났어요.

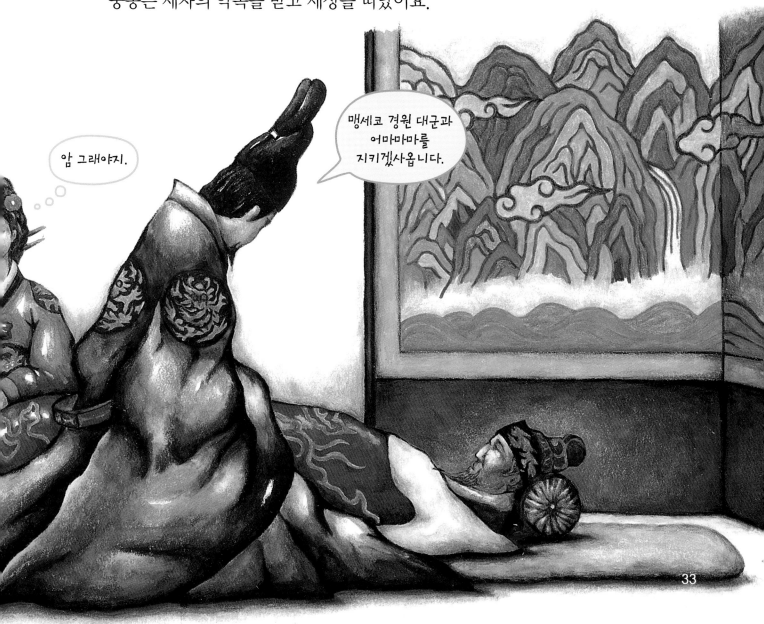

서경덕과 황진이

서경덕은 지방 하급 관리였던 서호번의 아들로, 호는 화담이에요.

서경덕은 어릴 때부터 영리하고 학문을 좋아했어요.

서경덕은 한 가지 문제에 매달려 깊게 생각하곤 했어요.

하루는 어머니가 푸성귀를 뜯어 오라고 했어요.

서경덕은 저물녘에야 반밖에 차지 않은 광주리를 들고 나타났어요.

"왜 이것밖에 뜯지 못했느냐?"

"새가 땅에서 날아오르는 것을 보고 하루 종일 그 이유만 생각했습니다.

그러다 그만 푸성귀 뜯는 일을 잊어버렸습니다."

서경덕은 18세가 되던 해에 책을 덮고 새로운 생각에 빠졌어요.

"세상 만물에 숨어 있는 이치를 깨닫지 못하면 학문이 무슨 소용인가?"

서경덕은 그날 이후 세상 모든 물건의 이름을 적어 벽에 붙였어요.

날마다 그것들을 뜯어보며 각각의 쓰임새와 이치를 생각했지요.

서경덕은 세상 모든 것이 '기'로 이루어졌다고 보았어요.

새가 날아오르는 것, 온천에서 물이 솟는 것,

사람이 죽고 사는 것도 모두 기의 흐름이라고 보았어요.

서경덕은 벼슬에 관심이 없었고, 학문을 연구하고

제자들을 가르치는 일에 온 힘을 쏟았어요.

황진이는 중종 때 사람이고, 원래 이름은 '진'이며,

기생 이름은 '명월'이에요.

가무, 악기, 한시 등 못하는 게 없었던 조선 최고의 기생이었지요.

황진이는 10년 동안 도를 닦던 지족선사도 불제자의 길을 그만두게

만들 만큼 아름다웠어요.

하지만 서경덕만큼은 황진이의 꼬임에 넘어가지 않았어요.

황진이는 서경덕의 인품에 반해 스스로 그의 제자가 되었어요.

황진이는 훌륭한 시를 많이 남겼어요.

그중 '청산리 벽계수야', '동짓달 기나긴 밤을'이 유명해요.

'산은 옛 산이로되', '어져 내일이야' 등의 시조도 있지요.

이러한 작품을 통해 황진이의 재치와 예술적 재능을 엿볼 수 있어요.

황진이의 죽음에 대한 정확한 기록은 없어요.

황진이가 40세쯤에 세상을 떠난 것으로 보고 있어요.

황진이는 죽을 때 이런 유언을 남겼다고 해요.

"내가 죽거든 관을 짜지 말게.

그저 자연으로 돌아가 개미, 까마귀, 솔개의 먹이가 되고 싶네."

사람들은 황진이를 개성 근처 장단에 묻어 주었어요.

지금도 개성에 가면 황진이의 무덤을 볼 수 있답니다.

조선 시대 서원이란 어떤 곳일까?

벼슬을 그만두고 고향으로 내려간 사림들은 전국 방방곡곡에 서원을 세웠어요. 나라에서 세운 학교인 향교가 읍성 안에 자리 잡은 것과는 달리 서원은 주로 읍성에서 멀리 떨어진 조용하고 경치 좋은 곳에 자리했어요. 서원에서는 어떤 일을 하는지 알아볼까요?

🌸 성리학을 가르치는 학교, 서원

서원은 성리학을 가르치는 학교였어요. 서원의 건물들은 성리학의 가르침에 따라 엄격하고 질서가 있으며, 모양새는 소박하고 단아했어요. 예의를 지키며 절제하는 조선 성리학의 기본 정신이 잘 드러나 있는 건축물이라 할 수 있지요. 사림들은 서원에서 공부를 했으며 백성들을 가르치고 지역 사회를 이끌었어요.

▲ 안향과 주세붕을 모신 소수 서원(백운동 서원)

▲ 퇴계 이황을 모신 도산 서원

▲ 이언적을 모신 옥산 서원

▲ 정몽주를 모신 숭양 서원

🌸 서원은 어떤 모습일까?

16세기 들어 사림의 정계 진출과 함께 서원 건축이 활발해졌어요. 서원은 자연의 이치를 탐구할 수 있는 한적한 곳에 자리했어요. 교육 공간인 강당을 중심으로 사당과 기숙 시설인 동재와 서재를 갖추었지요. 우리나라 서원 건축의 일반적인 모양새를 갖춘 도동 서원을 살펴보기로 해요.

◀ 제사를 지내는 사당

◀ 선생님이 강의를 하는 중정당

▼ 제사 준비를 하는 전사청

▲ 학생들이 책을 빌려 보는 장판각

▼ 수월루
선비들이 모여 시를 읊으며 서로의 시를 음미하는 곳

▼ 서당을 드나드는 환주문

▲ 학생들의 기숙사
거의재, 거인재

사당
전사청
내삼문
중정당
거인재
장판각
거의재
환주문
수월루

훈구파와 사림파가 맞서다

왕위에 오른 중종은 자신을 왕으로 만든 훈구 공신들의 권세에 눌려 지냈어요. 그래서 왕권을 강화하기 위해 연산군 때 쫓겨난 사림을 불러들여 관직에 앉히고 정치를 맡겼지요. 사림파는 훈구파가 실력도 없고, 너무 많은 권한을 갖고 있다고 비판하여 서로 맞서게 되었답니다.

✿ 지나친 개혁이 불러온 비극, 기묘사화

중종은 새롭고 젊은 인재들을 뽑아 훈구파의 세력을 억누르고 왕권을 굳게 하려고 했어요. 그 일을 조광조에게 맡겼지요. 조광조는 공이 많고 적음을 따져 훈구파 76명을 공신 명부에서 없앴어요.

조광조와 사림은 중종에게도 비판을 아끼지 않아 점점 왕의 신임을 잃기 시작했지요. 이 틈을 타 훈구파는 조광조를 없애려는 계획을 세웠어요. 나뭇잎에 꿀물로 '走肖爲王(주초위왕)'이라는 글자를 써서 벌레가 갉아 먹게 한 다음, 그것을 왕에게 보인거예요. 여기서 '주초(走肖)'란 '조(趙)' 자

으윽, 폐하! 억울하옵니다.

를 나누어 쓴 것으로, '조광조가 왕이 되려 한다.'는 뜻이에요. 중종은 조광조를 귀양 보낸 뒤에 사약을 내렸어요. 이 사건이 바로 1519년에 일어난 '기묘사화'예요.

✿ 권력을 잡기 위해 서로 모함한 대윤과 소윤

중종의 둘째 왕비 장경 왕후가 세자 호(인종)를 낳고 죽자, 윤원형의 누나인 문정 왕후가 세 번째 왕비가 되어 경원 대군 환(명종)을 낳았어요. 이에 왕위 계승 문제를 둘러싸고 인종의 외삼촌인 윤임과 명종의 외삼촌인 윤원형 사이에 세력 다툼이 벌어졌어요. 이들 가운데 윤임과 그 일파를 '대윤'이라 하고, 윤원형을 중심으로 한 일파를 '소윤'이라 불렀어요. 소윤은 대윤이 경원 대군을 해치려 한다며 모함을 했고, 대윤은 소윤이 세자를 없애려 한다고 모함했지요. 1544년 인종이 왕위에 오른 지 8개월 만에 죽고 명종이 즉위하자, 소윤 일파가 을사사화를 일으켜 대윤 일파를 없앴어요.

한눈에 보는 연표

우리나라 역사　　**세계 역사**

1505

1509 ← 에라스무스, 〈우신예찬〉 지음

삼포 왜란 발생 → 1510

쓰시마 도주와 임신약조 맺음 → 1512

비변사 설치 → 1517 ← 루터의 종교 개혁

1519 ← 마젤란, 세계 일주(~1522)

〈훈몽자회〉

한자 학습서로, 3,360자의 한자를 33가지 항목으로 나누어 한글로 음과 뜻을 달았어요.

> 〈훈몽자회〉는 어린이를 위한 한자 학습서야.

1520

상평창 설치 → 1524 ← 독일의 농민 전쟁

1526 ← 인도, 무굴 제국 성립

최세진, 〈훈몽자회〉 지음 → 1527

1532 ← 마키아벨리, 〈군주론〉 지음

종교 개혁

가톨릭 교회의 타락을 비판하고 크리스트교의 참된 정신으로 돌아가 교회를 개혁해야 한다고 주장한 종교 운동이에요.

> 루터는 교회의 권위를 전적으로 부정했어.

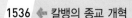
◀ 마키아벨리 석상

1535

1536 ← 칼뱅의 종교 개혁

방군 수포제 실시 → 1537

군적 수포제 실시 → 1541 ← 미켈란젤로, 〈최후의 심판〉 완성

백운동 서원 건립 → 1543 ← 코페르니쿠스, 지동설 발표

백운동 서원